Ce carnet de voyage appartient à

D1718247

Date de votre Voyage :

Comment utiliser ce carnet

→ Une page avec les choses indispensables à emmener.

→ Une page blanche avec des lignes pour noter ce qui est important, planifier votre voyage.

→ Une page pour noter les lieux touristiques à visiter absolument.

→ Une page blanche avec des lignes pour noter les endroits que vous voudriez visiter.

→ Vous êtes arrivés! Bonnes vacances! Notez TOUT ce que vous avez fait pour ne jamais rien oublier!

→ Collez vos photos, vos meilleurs moments, une image vaut mille mots!

Choses à ne pas oublier

☐   ☐

☐   ☐

☐   ☐

☐   ☐

☐   ☐

☐   ☐

☐   ☐

☐   ☐

☐   ☐

☐   ☐

☐   ☐

☐   ☐

☐   ☐

☐   ☐

☐   ☐

☐

Notes importantes

Mes lieux de visites

- [ ]
- [ ]
- [ ]
- [ ]
- [ ]
- [ ]
- [ ]
- [ ]
- [ ]
- [ ]
- [ ]
- [ ]
- [ ]
- [ ]
- [ ]
- [ ]

- [ ]
- [ ]
- [ ]
- [ ]
- [ ]
- [ ]
- [ ]
- [ ]
- [ ]
- [ ]
- [ ]
- [ ]
- [ ]
- [ ]
- [ ]
- [ ]

Notes importantes

Et c'est parti!

Et c'est parti!

Et c'est parti!

Et c'est parti!

Et c'est parti!

Et c'est parti!

Et c'est parti!

Et c'est parti!

Et c'est parti!

Et c'est parti!

Et c'est parti!

Et c'est parti!

Et c'est parti!

Et c'est parti!

Et c'est parti!

Et c'est parti!

Et c'est parti!

Et c'est parti!

Et c'est parti!

Et c'est parti!

Et c'est parti!

Et c'est parti!

Et c'est parti!

Et c'est parti!

Et c'est parti!

Et c'est parti!

Et c'est parti!

Et c'est parti!

Et c'est parti!

Et c'est parti!

Printed in France by Amazon
Brétigny-sur-Orge, FR

14395096R00077